Blåsyre

Malthe Fuglsang

Blåsyre

Digte

FSC
www.fsc.org
MIX
Papir fra
ansvarlige kilder
Paper from
responsible sources
FSC® C105338

Blåsyre

Forlag: BoD · Books on Demand, Strandvejen 100,

2900 Hellerup, bod@bod.dk

Tryk: Libri Plureos GmbH, Friedensallee 273, 22763 Hamborg, Tyskland

ISBN: 978-87-7145-502-1

det din skyld

jeg mister dyrebare timer

i konstant søvnunderskud

der er en ildebrand i min brystkasse

ringer efter brandbil

men det stadig dig der dukker op

forsvinder ind i et hvidt rum
i hjertet af rummet er jeg
i periferien en illusion der
går langt ud
over min forstand
min fremtid er manifesteret
på en bunke cremefarvet papir
jeg visker ud og skriver nyt
der er en manisk afstand til det hele

underlaget er kviksand

drukner først mine ankler

ser det hele på en skærm

en lille krybdyrhjerne

der prøver at lave noget stort

der skal være stimulering nok

til alle og enhver

hvis vi ikke er i sengen
er vi i badet
vasker huden af
smider hjernen ud
verden har gjort mig
møgbeskidt
det har sat sig i blodet
det har sat sig i håret

og vi fik aldrig nogen afsked

efterladt med en vandet fornemmelse

kan man få afsked

når man aldrig fik en

start

jeg har afleveret et projekt

kalder det et liv

det ligger i et brev

i postkassen

der er ingen modtager på

håber postbuddet åbner det

tilfældighedens gave

er et hjerteanfald

jeg må slide og slæbe
en utrættelig soldat
ryg og nakke knækkes og brækkes
det er aldrig for sent at stoppe op og lade gå
det er aldrig nemme beslutninger
jeg føder dem alligevel
min sjæl bløder med stolthed
jeg er far til en hel generation
af vidunderlige ting

er det nødvendigt
at være så kynisk
at være så absolut
tag maskerne af
sluk for dukkespillet
løb rundt i marken
med jeres affald i lommerne
vis mig et meningsfyldt liv
hold det op for mig
så jeg kan se det
som et glasklart kar
jeg løber om kap med en bureaukrat og
det ligner ikke paradis

sms'en fra Interflora minder mig om K
jeg skriver 10 digte om det og poster dem på instagram
går tur langs vandet som jeg plejer
følelserne er spændt op i mig
sammenpresset som en snebold
solen skinner på min eksembelejrede hud
indeni mig er der
kummefryser

drømmer om at falde hen

og lade bølgerne tage mig væk

bare for en stund

havet skvulper og alle træerne tager et fælles åndedrag

så det knager

jeg observerer blot

jeg har memoreret dit ansigt

hver en fregne

hvert et

hår

i dine bryn

jeg ser ind i dine øjne

små glasperler med ild i

jeg falder ned gennem systemerne og algoritmerne og
barrikaderne og
forhindringerne og
revolutionerne og
ind i en arv der ikke er min
jeg har ikke gjort krav på noget af det her
tænder op og dør ud som en cigaret
ligger som et foster på det hvide lagen

verden har taget en
jordomrejse i mig
undersøgt alle hjørnerne
mine organer er på
grupperejse i et sabbatår
forgiftede og forkullede
planlægger mine næste træk
som et skakbord

jeg har et hul i armen   jeg drypper
din stråling gør mit blod fluorescerende
lyser hele rummet op
jeg ville ønske du kunne se mig
blomstrer op som en kræftcelle
vil sidde på dit hjerte som en svulst
jeg ser dig kun om natten
på himlen og i mine drømme

klubben er et stadion

hun kigger på de hvide baner

som en tilskuer

midt på gulvet er jeg

okay min blomst

behold ham blot i fred

oxytocin

en sprøjte ind i hvert hjertekammer

dine fingre er kanyler når du gør ting på min hud

forelsket i horisonten

vesterhavet og skumringstime

mens jeg tænker på alt det

der ikke blev

mens jeg tænker på alt det

der kunne have været

jeg ødelægger noget

for at skabe det igen

jeg trækker hjernen ud gennem røven

og lægger den i handskerummet

kører galt

hvor går vi dog hen herfra?

gopler og vandmænd

brandmænd og brandsår

grene fylder skovbunden

majestætiske træer

solglimt blade

fluer og egern og kogler

rurale trapper komplimenterer natur

frisk luft

angstmedicin

forsvinder i noget andet

tiptoe through the window

by the window, that is where i'll be

come tiptoe through the tulips with me

jeg sover ikke

ligger bare

vågen og hjemsøgt

jeg har fået en ny fødselsdag
du er også blevet genfødt siger du
nu er vi babyer sammen
vokser op sammen
mit yndlingssted er dit værelse men
jeg er der ikke så tit længere

hvepsene har spist alt frugten i køkkenet
kun det rene service står tilbage
der vokser noget ud af ryggen på mig
op til nakken
videre til kraniet
ud gennem øjnene

massedrab var det eneste vi fik

ingen belønning for at adlyde

men jeg er stadig født til at gå i skole

detaljeorienteret statsautoriseret

tag hvad du kan og gå hver til sit

jeg lever som en galning

jeg ved ikke hvad jeg skal sige til dem

alle har slidt

jagten efter pengene

bange for at gå fallit

bon appetit

ligger på græsset i solskin

himlen er blå på en bølgeagtig måde

K sidder ved siden af mig

hun hilser pænt

siger jeg gerne vil være alene nu

men hun forstår ikke mit sprog

dage bliver til måneder bliver til år

jeg ligger her stadig i måneskin

jeg svæver over byen

som en komet

der er stadigvæk ild i mig

jeg prøver at holde fast

prøver at finde balancen

men jeg kan ikke holde tempoet

så jeg puster ud og falder sammen

en bunke knogler på gulvet

det er hvad jeg er blevet til

vi ku' smelte helt sammen os to

ligesom vores atomer

ligesom vores molekyler

som en symbiose

se hvor flot den er

vi svømmer i et stort bassin
med dæmoner på bunden
svømmer og plasker
med vores luffer og bælter
vi har gået til svømning
men har glemt det hele
man sover alligevel altid bedre
når man har været i bevægelse

parken er ekstra grøn i dag
træerne synger en sang
bag parken er søen
bliver forelsket i det
som vandet reflekterer
bag søen er højhusene
om natten er de åbne huller
blanke og gennemsigtige
jeg tror der flyver drager
ind gennem hullerne

sommeren så forbandet uskyldig
nyudklækket og uden særligt tilhørsforhold
vinteren så udueligt tæt på skyggerne
foråret en grå ting mellem det hele
jeg går ind i stuen og tager dagen af
15 gange tæller jeg til 60

mit legeme opløst

af binyrebarkhormon og

samtaleterapi jeg

frygter stadig

methotrexat og SSRI-præparater

lad mig blive et afkast

på en medicinalaktie

skæbnen ligger i postkassen
våd og varm af sommerregn
pakker den op som den har fortjent det
en madras på gulvet og
familiepizza
min krop er et
kraftværk uden stopknap

yder kundeservice
som en kapitalist
med min sælgerhat
min hofteskål glider
langsomt ind i det nye år
prøv at se mit slikhår
jeg var selv chokeret

livet som en sommer

der aldrig skete

et aflyst fly og   så

vores organer i en lufthavn

hun sagde til mig

du ikke ligesom Yahya

du ikke nogen fucking digter

jeg sagde til hende

gud ske tak og lov

du medicin og kokain du

du gør det godt ja du gør det godt

du deodoriserer mit ego på en flot måde

jeg sidder fast i det som en snedrive

sidder fast i det som et uheld

tror aldrig det bliver andet end vinter

har brug for

forår og sommer med akutbil

de samme ting
bare i nye kroppe
de samme ting
bare i nye sjæle
unge og varme som
en sommermåned
ikk' få mig ned
når jeg er høj

jeg mangler noget
tålmodighed der kan
manifestere sig måske i en krop måske i
noget andet bare få mig ud herfra
du sagde du ikke var kommet så langt
bare for at være kommet så langt
det sagde dryp
                    dryp
                              dryp
vores glas fyldes og tømmes på skift
mangler noget balance noget ligevægt

mig

jeg er ingenting

alle dem jeg har elsket

alle dem jeg har mistet

sidder i mit hjerte

som en blodprop

når jeg

dør

vil jeg gøre det i vandet

når jeg

dør

vil jeg

næste stop

tomme blikke

jeg er en metropolbaby

jeg er ikke nogen digter

baby

det hele er røde bade

jeg er patienten

hiver kroppen op

i de lyseblå metalstænger

musklerne bliver til vinger

de vokser ud gennem mine ar

du stikker hånden ind

mellem to af mine ribben

dræner væsken fra lungehinden

jeg åbner op og det hele vælter ud

hun stikker slangen ind gennem ryggen

den suger alt næringen

som en plasticparasit

jeg bader i havet hele sæsonen
når jeg bader er det rødt og hårdt
som en blodkoagulation
du bader kun i havet om sommeren
når du bader er det blåt og blødt
som en bølgebevægelse
vi bruger det samme håndklæde når vi er færdige
alting føles som asfalt

jeg tager varmen fra søvnen
med ind i dagen helt ind i stuen
der sidder du med alle dine sting og ar
jeg aer dig på kinden
du smiler som et offer
kysser lidt det er dejligt
bare sådan her til evig tid

jeg får lyst til at blive

men selv med krykker må noget smukt en gang

imellem dø

ser stjernerne på ryggen som en tatovering

nattehimlen dør kun når vi begynder på noget nyt

jeg har liljer i stuen men de visner

om lidt er det hele slut ja

om lidt så er vi skilt ad

som bærrene på hækken

om lidt er vi forsvundne

som boblerne i bækken